SEXY-FLAG

(Les délices du hasard)

Christian ROSSIGNOL

Éditions ART ET COMÉDIE
2, rue des Tanneries
75013 PARIS

À tous mes amis
de la troupe de théâtre
du Foyer Rural des Ancizes
qui partagent ma passion du théâtre
depuis vingt-cinq ans

Personnages

Jean-Claude : 40-50 ans. Réalisateur de cinéma plus connu pour ses conquêtes amoureuses que pour ses films. C'est un coureur de jupons maladif qui n'est pas à un mensonge ou une bassesse près pour arriver à ses fins ou pour se justifier.

Caroline : 40-50 ans. Femme de Jean-Claude. Elle supporte ses mensonges depuis trop longtemps. C'est un caractère bien trempé.

Marguerite : 25-30 ans. Bonne à tout faire de la maison récemment engagée par Caroline. Grenouille de bénitier plus que sotte.

Albert : 35 ans. Agriculteur un peu naïf, roi de la betterave et du maïs. Cherche l'âme sœur auprès des agences matrimoniales.

Emmanuelle : 20-25 ans. Jolie jeune fille qui voudrait bien devenir starlette. Maîtresse de Jean-Claude.

Décor

Le salon d'un appartement bourgeois.
Côté cour, au premier plan, la porte de la salle d'eau ; au second plan, une fenêtre ouverte sur la rue.
Côté jardin, au premier plan, la porte de la chambre ; au second plan, le couloir menant aux autres pièces.
Au fond, la porte d'entrée. Au centre, un canapé, une table basse, un porte-revues…

Au lever du rideau, Jean-Claude fait semblant de lire sur le canapé mais, en fait, il reluque Marguerite qui porte une jupe extracourte qu'elle n'arrête pas de vouloir rallonger en tirant dessus.

JEAN-CLAUDE - Mais enfin, Marguerite, qu'est-ce que vous lui reprochez à cette jupe ?

MARGUERITE - Sa longueur, Monsieur, sa longueur.

JEAN-CLAUDE - En effet, elle est peut-être encore un peu longue.

MARGUERITE - Mais non, elle est trop courte, Monsieur, et je suis très gênée, Monsieur.

JEAN-CLAUDE - Il ne faut pas, voyons. Moi, je trouve qu'elle vous va à ravir.

MARGUERITE - Je sais bien que c'est Monsieur qui me l'a fournie et qui a insisté pour que je ne porte plus que celle-ci mais je me sens…

JEAN-CLAUDE - Oui ?

MARGUERITE - Ben je me sens… je me sens… pour ainsi dire… toute nue.

JEAN-CLAUDE *(se levant)* - Pourquoi ? Auriez-vous froid, mon petit ?

MARGUERITE - Oh non ! Mais j'ai toujours l'impression qu'on voit mes…

JEAN-CLAUDE *(faussement)* - Mais non !

MARGUERITE - Pardonnez-moi Monsieur mais j'ai pourtant quelquefois l'impression que Monsieur regarde mes…

JEAN-CLAUDE - Vos fesses ? Allons donc !

MARGUERITE - Oh non ! Jésus Marie Joseph ! Tout de même pas ! Mais j'ai peur que l'œil de Monsieur ne soit attiré par… par mes culottes.

JEAN-CLAUDE - Comment ça, vos culottes ? Vous en portez plusieurs ?

MARGUERITE - Trois Monsieur.

JEAN-CLAUDE - Trois ?

MARGUERITE - C'est que… la jupe est tellement courte et…

JEAN-CLAUDE *(se rapprochant)* - La vie aussi est courte, il faut en profiter mon petit chat.

MARGUERITE - Monsieur a certainement raison.

JEAN-CLAUDE - J'ai toujours raison. Venez un peu plus près. Vous savez que vous êtes ravissante ? Vous avez déjà songé à faire du cinéma ?

MARGUERITE - Du cinéma ? Non Monsieur. Pourquoi ?

JEAN-CLAUDE - Mais parce que je suis réalisateur, vous le savez bien. Vous connaissez mes films : « Panpan la Citrouille », « Trois femmes et un ramequin »… Et parce que vous avez un physique… Hum !… *(Il la prend dans ses bras.)* Un physique de rêve !

MARGUERITE *(se défendant)* - Oh ! Monsieur ! Voyons, Monsieur ! Monsieur, je vous en prie !

JEAN-CLAUDE - Ah ! si vous m'en priez, alors ! *(Il tente de l'embrasser mais elle se libère.)* Mais ne fuyez pas, voyons, mon petit chat !

Marguerite - Je ne suis pas votre petit chat Monsieur, je suis la bonne à tout faire.

Jean-Claude - À tout faire, avez-vous dit ? Hum !

Marguerite - Non, ce n'est pas ce que j'ai voulu… Oh là là ! Je vous en supplie Monsieur, arrêtez. Si Madame nous voyait… Oh là là ! Monsieur…

Jean-Claude - Aucun risque, Madame est partie pour la journée.

Marguerite *(voyant Caroline entrer)* - Je n'en suis pas si sûre Monsieur. Oh là là là là ! *(Elle se réfugie dans la chambre.)*

Jean-Claude *(contre la porte de la chambre et sans voir Caroline)* - Ne t'inquiète pas pour Madame, je te dis. Elle est loin à l'heure qu'il est et nous avons tout notre temps.

Marguerite *(off)* - Laissez-moi, Monsieur, pour l'amour du ciel !

Jean-Claude - Pour l'amour et le septième ciel alors ? Allez, ouvre-moi ma belle, tu ne le regretteras pas. Je te ferai découvrir des paysages inconnus, des volcans de baisers, des océans de caresses. Ouvre-moi mon petit chat, je serai ton gros matou. Miaou ! Miaou ! Miaou !

Caroline - Un chat de gouttière, oui !

Jean-Claude - Miaou… hein ? Hein ? Liline ? Roro ? Caca ? Caroline ?! Mais je…

Caroline - Alors il te les faut toutes, hein ?

Jean-Claude - Mais ce n'est pas du tout…

Caroline - Après la secrétaire, la voisine, Véronique, Stéphanie, la concierge, Marie-Claire, Aurélie, j'en passe et des meilleures, il te faut la bonniche ?

Jean-Claude - Mais je t'assure que… *(Le téléphone sonne. Il décroche.)* Allô! (…) Oui, c'est moi… (…) Euh… non! *(Il raccroche.)*

Caroline - Je viens de comprendre pourquoi les domestiques ne restent pas plus d'une semaine à notre service. Je l'avais pourtant choisie celle-là. Elle est quand même plus contraceptive que sexy! Eh bien, non, il faut qu'il l'entreprenne quand même! Tu es un maniaque de la braguette! Un détraqué! *(Menaçante.)* Je vais t'en donner, moi, des volcans et des océans…

Jean-Claude - Mais enfin, je déclamais le texte de ma prochaine mise en scène! *(Il prend un livre qui traînait.)*

Caroline *(sceptique)* - Comment ça? Ta prochaine mise en scène?

Jean-Claude - Je t'assure. Je me disais le texte à voix haute pour me l'approprier, m'en imprégner, le dominer, le…

Caroline - Alors « ouvre-moi mon petit chat, je serai ton gros matou » c'était dans… ?

Jean-Claude - Parfaitement.

Caroline *(lui prenant le livre des mains)* - Dans « Phèdre »? Tu te fous de moi en plus! *(Elle éclate en sanglots.)* Jusque-là j'ai tout supporté mais là, c'est une fois de trop. J'en ai vraiment assez de tous tes mensonges!

Jean-Claude - Allons, Caroline, je te jure que…

Caroline - Ne jure pas s'il te plaît! Mécréant!

Jean-Claude - Je t'assure que c'est un malentendu! Je peux tout t'expliquer…

Le téléphone sonne. Caroline décroche.

Caroline - Allô! (…) Non, vous n'êtes pas à la coopérative agricole. *(Elle raccroche.)* C'est exaspérant cette erreur de numéro. C'est au moins la dixième fois cette semaine.

JEAN-CLAUDE - Je vais m'en occuper. Dès demain, je file chez France Télécom.

CAROLINE - Jean-Claude…

JEAN-CLAUDE - D'ailleurs, pourquoi demain ? Je vais y aller tout de suite. J'y vais de ce pas…

CAROLINE - Arrête ! Tu me trompes, Jean-Claude, tu me trompes effrontément, tu me trompes énormément…

JEAN-CLAUDE - Je n'ai pourtant rien d'un éléphant !

CAROLINE *(hurlant)* - Tu n'es pas drôle !

JEAN-CLAUDE - Pardonne-moi.

CAROLINE - Et que faisais-tu donc avec Marguerite ?

JEAN-CLAUDE - Mais je voulais la taquiner, voilà tout.

CAROLINE - Tu voulais la peloter, oui ! Tu voulais la séduire comme les autres, comme toutes les autres. *(Elle va vers la porte de la chambre et hurle.)* Marguerite ! Marguerite, venez ici immédiatement !

MARGUERITE *(entrant)* - Me voici Madame !

CAROLINE - Mais… qu'est-ce que vous faites dans cette tenue ?

MARGUERITE - Le ménage, Madame…

CAROLINE - Ce n'est pas une jupe pour faire le ménage ça, mais plutôt pour briser les ménages !

MARGUERITE - Mais Madame…

CAROLINE - Moi qui vous croyais d'une chasteté farouche, qui vous prenais pour la fille spirituelle de l'Abbé Pierre et d'Alice Sapritch, je me suis mis le doigt dans l'œil jusqu'au coude.

MARGUERITE - Mais Madame…

CAROLINE - Dès que j'ai le dos tourné on éclaire la vitrine et on aguiche le client ou plutôt le patron.

MARGUERITE *(en pleurant)* - Je ne comprends rien du tout Madame.

CAROLINE - Ne jouez pas les idiotes, en plus ! Vous portez une jupe à faire damner un régiment de séminaristes et...

MARGUERITE - Mais Madame, c'est Monsieur qui m'a obligée à...

JEAN-CLAUDE - Mais non...

CAROLINE - C'est Monsieur qui vous a demandé de vous vêtir de la sorte ?

MARGUERITE - Oui Madame.

CAROLINE - Oh ! le monstre ! Le suborneur ! Le pervers !

JEAN-CLAUDE - Pervers ? Tu exagères tout, tout de suite, aussi...

CAROLINE - Tu forces la bonne à s'habiller comme la dernière des grues, je te trouve en train de griffer la porte de la chambre en miaulant et tu trouves que j'exagère ? Tu es un dangereux malade, oui ! *(Elle pleure.)* Dieu que je suis malheureuse ! Tu voulais la trousser, comme les autres !... Mouchoirs !

JEAN-CLAUDE - La trousser comme les autres mouchoirs ?

CAROLINE - Non ! Donne-moi ton mouchoir ! Imbécile !

JEAN-CLAUDE - Tiens mon amour. *(En fait, il lui tend une petite culotte qu'il sort de sa poche.)*

CAROLINE *(se mouchant puis réalisant)* - Oh ! le saligaud ! Ça, c'est la dernière ! Tu vas me le payer !

JEAN-CLAUDE - Non ! Attends ! Ma chérie ! Je vais t'expliquer...

CAROLINE - Rien du tout ! Tu vas voir ce que tu vas voir !

JEAN-CLAUDE - Ne te fais pas plus méchante que tu ne l'es.

CAROLINE - Je vais te tuer !

JEAN-CLAUDE - Allons, allons…

CAROLINE - Te massacrer !

JEAN-CLAUDE - C'est ça, c'est ça…

CAROLINE - T'émasculer !

JEAN-CLAUDE - Ne dis pas n'importe quoi, veux-tu ?

CAROLINE - Je n'en peux plus ! Tu me dégoûtes ! Tu me… Raahh ! *(Elle lui jette un vase qui finit sa course dans la rue en passant par la fenêtre ouverte.)*

JEAN-CLAUDE - Voilà, si ça se trouve, tu as blessé quelqu'un. *(Il se penche à la fenêtre puis le téléphone sonne. Il décroche. Caroline s'empare d'un autre objet.)* Pouce ! Allô ! (…) Non, vous n'êtes pas à la coopérative agricole ! *(Bas, en se retournant.)* Ne viens pas, ne viens pas !

CAROLINE - Qu'est-ce que tu racontes ?

JEAN-CLAUDE - Rien ! Rien du tout ! C'était une erreur !

CAROLINE - C'est toi l'erreur, mon pauvre Jean-Claude ! J'en ai vraiment assez ! Te tuer serait encore trop doux. Tu vas payer, mon cher ! Cette fois-ci c'est le divorce et, tu peux me croire, tu vas cracher un maximum. Pour payer, tu vas payer.

JEAN-CLAUDE - Si on divorce ce sera cinquante-cinquante.

CAROLINE - Pas avec le dossier que je suis en train de monter contre toi.

JEAN-CLAUDE - Quel dossier ?

CAROLINE - Un dossier en béton qui recensera toutes tes tromperies, tes coucheries, tes débauches. Je peux te le dire, maintenant : voici trois mois que j'ai engagé un détective.

JEAN-CLAUDE - Un détective ? Mais pourquoi ?

CAROLINE - Pour te suivre et pour te prendre en flagrant délit d'adultère.

JEAN-CLAUDE - Mais c'est monstrueux !

CAROLINE - Non, c'est de bonne guerre. Avec les photos qu'il a faites, des sexy-flags comme il dit…

JEAN-CLAUDE - Des quoi ?

CAROLINE - Des sexy-flags, c'est un mot de son jargon mais qui dit bien ce qu'il veut dire.

JEAN-CLAUDE - Il m'a pris en photo ?

CAROLINE - Oui, et plutôt deux fois qu'une. Toujours en galante compagnie, bien évidemment.

JEAN-CLAUDE - Mais enfin, on peut être en compagnie de jolies femmes sans pour autant…

CAROLINE - Ah non ? *(Elle sort une photo de son sac et la lui donne.)*

JEAN-CLAUDE - Ah si ! Évidemment… *(En aparté.)* Laquelle c'était celle-là ?

CAROLINE - Avec un dossier comme celui-ci et un bon avocat je vais te mettre sur la paille. Ce sera pour toi le pire des châtiments, la ruine ! Avare comme tu es, tu ne t'en remettras jamais !

JEAN-CLAUDE - Bon, je me suis un peu laissé aller, je le reconnais, j'ai des torts, mais on peut rester bons amis tout de même.

CAROLINE - Ah ! ah ! Dès qu'on menace ton porte-monnaie, tu trembles. Eh bien, tu vas trembler mon gaillard ! Il va falloir rajouter des échelons à l'échelle de Richter pour le mesurer, ton tremblement ! Tu m'as trompée, bafouée, ridiculisée durant des années mais aujourd'hui l'heure de la vengeance a sonné. *(Le téléphone sonne.)* Ah!!! Mais pour l'instant, il faut que je me calme.

JEAN-CLAUDE - Je me tue à te le dire.

CAROLINE - Tais-toi! Je ne veux plus entendre le son de ta voix. *(Le téléphone sonne.)* Oh! ce téléphone! *(À Marguerite.)* Et allez passer une jupe plus décente, vous!

MARGUERITE - Je ne peux pas Madame.

CAROLINE - Comment ça?

MARGUERITE - Monsieur a jeté au feu toute ma garde-robe.

Le téléphone sonne.

CAROLINE - Là on touche le fond.

JEAN-CLAUDE *(gêné)* - Oh! toute! Deux ou trois vieilles hardes.

CAROLINE - Silence! Dépravé! Suivez-moi, vous, je vais vous prêter une de mes robes. *(Le téléphone sonne. Elle décroche.)* MER-DE!!! *(Elle raccroche.)*

Caroline sort, suivie de Marguerite.

JEAN-CLAUDE - Là, je suis mal, je suis mal, je suis mal. *(Regardant la photo.)* Sexy-flag! C'est imparable. Je suis cuit, complètement cuit. Il faut que je trouve un moyen de la charger, elle aussi. Il faut que je rééquilibre les torts sinon… Mais comment faire? C'est une sainte. C'est pour ça qu'elle m'ennuie. Elle n'a quasiment aucun défaut… Mis à part le fait qu'elle est plutôt tarte. Mais ça, ça pèsera pas lourd dans la balance. Elle ne boit pas, elle ne fume pas, elle ne m'a jamais trompé, du moins je crois… Ah! ça, si elle m'avait trompé, même un petit peu, ça changerait tout, mais pensez-vous! *(On sonne à la porte.)* Oh! nom de D…! Pourvu que ce ne soit pas Emmanuelle! Je lui ai pourtant dit de ne pas venir. C'est pas le moment. *(À la cantonade.)* Je vais ouvrir, ne vous dérangez pas!

Il sort. Un temps. Un bruit sourd, puis il entre en marche arrière et tombe. Il a visiblement pris un coup de poing dans la figure.

ALBERT *(entrant, furieux)* - Je vais te faire passer l'envie de balancer n'importe quoi sur la tête des passants, mon petit gars !

JEAN-CLAUDE - Vous êtes fou !

ALBERT - Moins que toi ! Ça t'amuse d'essayer d'assommer les gens ?

JEAN-CLAUDE - Je vous jure que je n'ai rien fait.

ALBERT - Ben voyons ! C'est p't-être moi que j'ai des hallucinations ? Tu crois que je l'ai pas vue ta trombine au balcon ? Tu regardais sans doute qui c'était le pauvre mec qui avait reçu le machin sur le coin du pif, mais c'est raté.

JEAN-CLAUDE - J'en suis heureux pour vous, croyez-le bien.

ALBERT - J'ai eu du bol, remarque bien. Je venais juste de garer le Massey-Ferguson sur le trottoir et je levais le blaire pour lire l'enseigne de l'agence matrimoniale d'à côté quand j'ai vu arriver l'engin. Et hop ! un pas de côté, les bras en berceau et arrêt de volée. Même pas ébréché. Tiens, je suis bon prince.

JEAN-CLAUDE - Merci.

ALBERT - Ah ! moi, je suis un sanguin ! Tu me cherches, tu me trouves, mais je suis pas un voleur. Tu m'as envoyé un pot de fleurs, je t'ai rendu une châtaigne, on est quitte. *(Regardant sa montre.)* Avec tout ça, j'ai raté l'heure de mon rendez-vous à l'agence matrimoniale, moi. Bof ! De toutes les façons y z'arrivent pas à me trouver galoche à mon pied.

JEAN-CLAUDE - Vous êtes sans doute très exigeant ?

ALBERT - Ah ça ! Moi, je veux de la qualité. Moi, je dis toujours : le bon marché est toujours trop cher !

Jean-Claude - Vous avez raison. Les femmes, il faut prendre son temps pour les choisir. Après on regrette et pour en changer…

Albert - Vous vous y connaissez donc, vous, en femmes ?

Jean-Claude - Sans me vanter, je crois être un expert.

Albert - Ah bon ?

Jean-Claude - Oui. *(Au public.)* Oh ! nom de Zeus ! Il me vient une idée, une idée diabolique.

Albert - Hein ?

Jean-Claude - Rien, rien. Je pensais à ma femme. Je pensais tout haut.

Albert - Ah oui ! Moi aussi ça m'arrive… Quand je laboure, surtout.

Jean-Claude - Pardon ?

Albert - Oui, quand je laboure, je suis obligé de réfléchir pour savoir dans quel sens il faut que je la retourne. *(Jean-Claude reste interdit.)* La terre ! Faut-y que je la verse sur la droite ou faut-y que je la verse sur la gauche ? Ça dépend du terrain.

Jean-Claude *(sans comprendre)* - Oui, oui, oui. Vu ! *(Au public.)* Une idée diabolique, je vous dis. *(À Albert.)* Dites-moi, vous la voudriez comment cette femme ?

Albert - Qu'est-ce que ça peut vous faire ?

Jean-Claude - Eh bien, c'est que, voyez-vous… vous ne vous en êtes pas encore aperçu mais vous êtes ici aussi dans une agence matrimoniale.

Albert - Non !

Jean-Claude - Si.

Albert - Mais où qu'elle est votre enseigne ?

JEAN-CLAUDE - On vient juste de s'installer. On n'a pas encore eu le temps de la poser.

ALBERT - Ah bon! Et alors comme ça, vous auriez quelque chose en stock?

JEAN-CLAUDE - Mais bien sûr! Et du premier choix encore!

ALBERT - Holà! Attention! Moi, je cherche pas la minette maquillée par Ripolin avec des tralalas partout et parfumée au numéro 5 de chez Vapona.

JEAN-CLAUDE - Quel genre vous cherchez?

ALBERT - Ben moi y me faut du costaud pas farouche. Je cherche une femme aimante, douce, un peu charpentée, enfin qui tienne bien en main quoi, pas une mijaurée élevée aux hormones que tu peux radiographier avec une ampoule de quarante watts et qui mange à la « vète-vacher ».

JEAN-CLAUDE - « Vète-vacher »?

ALBERT - Ouais, la méthode pour maigrir.

JEAN-CLAUDE - Ah! j'y suis! Weight Watcher?

ALBERT - C'est ça… Et faut aussi qu'elle soit pas fainéante et qu'elle aime les bêtes.

JEAN-CLAUDE - Je pense avoir ce qu'il vous faut.

ALBERT - Vous croyez?

JEAN-CLAUDE - Mais parfaitement. Chez nous, monsieur, on trouve toujours sa moitié et on n'est jamais déçu.

ALBERT - Jamais?

JEAN-CLAUDE - Jamais monsieur. Et savez-vous pourquoi?

ALBERT - Ben non.

JEAN-CLAUDE - Parce que ici, monsieur, à la différence de tous nos concurrents… on peut essayer le produit sur place.

ALBERT - Cré nom de Dieu, c'est pas vrai ?!

JEAN-CLAUDE - Je vous assure. Comme ça on gagne du temps. « Satisfait ou vous laissez », telle est notre devise.

ALBERT - C'est extra ça ! Mais ça doit être cher.

JEAN-CLAUDE - Absolument pas. Combien vous demandent les autres agences ?

ALBERT - Ben, minimum trois cents euros par rendez-vous.

JEAN-CLAUDE - Eh bien, chez nous, monsieur, c'est la moitié.

ALBERT - Ben ça alors ! Et on peut essayer ici, tout de suite ?

JEAN-CLAUDE - Puisque je vous le dis. Nous sommes les seuls en Europe à proposer un service avant-vente. Voulez-vous que je vous propose quelqu'un ?

ALBERT - Ben ma foi ! Je serai pas venu pour rien, comme ça.

JEAN-CLAUDE - Bien, passez dans la chambre. Mettez-vous à l'aise, je vous envoie quelqu'un immédiatement. Le temps de consulter le fichier, j'en ai pour une minute. *(Il le pousse dans la chambre et Albert sort.)*

ALBERT *(off)* - Ben je me prépare alors ?

JEAN-CLAUDE - C'est ça, préparez-vous, ce ne sera pas long… Oh ! le con ! Oh ! le con ! Ça a marché. Bon, maintenant je lui colle la Caroline dans les pattes, j'arrive avec l'appareil photo et clac ! moi aussi, je l'ai mon sexy-flag… Oui, mais elle va se méfier ou bien elle va se débattre et je n'aurai pas le temps de faire la photo. *(Il réfléchit puis ouvre la porte de la chambre.)* Dites-moi, je viens de voir la dame là…

ALBERT *(off)* - Déjà ? Ben dites donc, ça traîne pas chez vous !

JEAN-CLAUDE - Justement c'est une personne charmante mais qui aime les affaires rondement menées. Il ne faudrait pas trop hésiter avant de…

ALBERT *(off)* - Je comprends, je comprends. Moi aussi, je suis assez pressé. J'ai la traite à faire en rentrant.

JEAN-CLAUDE - Vous êtes faits l'un pour l'autre, j'en suis sûr. Vous êtes prêt ?

ALBERT *(entrant en caleçon, maillot de corps et tire-chaussettes)* - Un peu, ouais !

JEAN-CLAUDE - Ah ! ça, pour être prêt, vous êtes prêt !

ALBERT - Vous pensez que ça va choquer ?

JEAN-CLAUDE *(ironique)* - Pensez-vous ! Je ne vois pas pourquoi. De toute façon, il ne faut pas lui laisser le temps de dire ouf.

ALBERT - Vous croyez ?

JEAN-CLAUDE - C'est elle qui le demande.

ALBERT - Ah bon !

JEAN-CLAUDE - C'est marqué en rouge dans son dossier : « pas de perte de temps ». Alors dès qu'elle entre…

ALBERT - Crac !

JEAN-CLAUDE - Pardon ?

ALBERT - Ben dès qu'elle arrive, crac ! Comme ça, pas de simagrées, pas de gnagnas, tout de suite dans l'action.

JEAN-CLAUDE - C'est tout ce qu'elle aime. Je vais la chercher. Mais tout de même… Doucement le crac, hein ?

ALBERT - J'suis pas une bête quand même.

JEAN-CLAUDE - Si vous le dites. Repassez dans la chambre et dès que vous l'entendez entrer ici vous… Enfin vous… Vous entrez et…

ALBERT - Crac !

JEAN-CLAUDE - C'est ça.

ALBERT *(en sortant)* - Oh ! nom d'une pipe ! Y faut pas que je la déçoive !

JEAN-CLAUDE - Mieux que sur le plan ! Incroyable Il ne marche pas, il court ! Bon, je vais chercher Caroline et l'appareil. Clic-clac ! Ou plutôt, crac-crac ! Merci Kodak ! *(Il sort.)*

La scène reste vide un court instant puis Emmanuelle entre.

EMMANUELLE *(regardant un peu partout en silence)* - C'est chic ici. Pas de doute, il est pas au SMIC mon Roudoudou. *(Elle s'assoit sur le canapé.)* Ah ! il ne voulait pas que je vienne ! Mais on ne me raccroche pas au nez en me hurlant le mot de cinq lettres, à moi. Il va falloir qu'il s'excuse. Non mais qu'est-ce qu'il croit ? C'est pas parce que je suis son petit chat qu'il faut qu'il me traite comme un chien. Et puis, il m'a promis un petit rôle dans un de ses films et moi j'attends toujours de faire le moindre bout d'essai. *(À la cantonade.)* Alors il y a quelqu'un ici oui ou non ?

ALBERT *(entrant en trombe et se jetant sur Emmanuelle)* - Me voici, chère madame. Comme on dit chez moi : y a que ceux qui s'aiment qui récoltent. *(Il la couche sur le canapé.)*

EMMANUELLE - Ah !!! À moi !

ALBERT - Ah non ! Pour le moment, c'est à moi. On verra au second round.

EMMANUELLE - Ah !!!

ALBERT - Criez en silence miladiou ! On va ameuter le quartier.

EMMANUELLE - Ah !!! Mais ça va pas ?! Ah !!!

ALBERT *(lâchant prise et se relevant)* - Ah non ! Là ça va pas du tout. On peut pas faire un essai dans ces conditions.

EMMANUELLE - Un essai ?… Oh ! pardon, je n'avais pas compris ! C'était un essai ?

ALBERT - Ben vous le savez bien !

EMMANUELLE - C'est que… vous m'avez surprise et… Oh ! que je suis gourde, mon Roudou… Enfin, Jean-Claude… euh… M. de Villemont m'avait promis de me faire tourner des bouts d'essais avec des vedettes mais il ne m'avait jamais dit quand et… Mais qui êtes-vous ? Je ne vous connais pas. Vous avez beaucoup tourné ?

ALBERT - Oh ! m'en parlez pas ! J'ai pas arrêté de tourner pour arriver jusqu'ici. C'est que c'est pas facile avec le Massey-Ferguson.

EMMANUELLE - Ah ça ! Avec les Américains ça doit être dur. Mais vous avez percé, maintenant ?

ALBERT - Ah non ! J'crois pas. Du moins j'ai rien remarqué.

EMMANUELLE - En tout cas c'est vous qui faites faire les bouts d'essais ?

ALBERT - Ben oui.

EMMANUELLE - C'est déjà bien.

ALBERT - Ben faut bien essayer un jour ou l'autre alors autant pas perdre de temps comme vous dites.

EMMANUELLE - Bon, bon, je suis un peu surprise mais j'en rêve depuis si longtemps, je veux bien le faire ce bout d'essai.

ALBERT - Vous avez raison, il faut faire un essai qui aille jusqu'au bout sinon on saura pas.

EMMANUELLE - On ne saura pas quoi ?

ALBERT - Ben si on peut faire affaire… enfin, si on peut s'engager, quoi.

EMMANUELLE - Engager ? Mais alors c'est sérieux ?... Oh ! et moi qui ne suis pas maquillée !

ALBERT - Moi, je préfère. Déjà que vous n'êtes pas trop charpentée...

EMMANUELLE - Charpentée ?

ALBERT - Ben moi, j'aurais bien voulu quelqu'un de plus... Enfin moins... Enfin bref, on attaque ?

EMMANUELLE - Si vous voulez. Mais comment je dois jouer ? On ne m'a rien dit.

ALBERT - Ben vous jouez comme vous voulez. Ça c'est vous qui voyez.

EMMANUELLE - Il n'y a pas de script ? *(Se mettant en scène à chaque mot.)* Vous me voulez tendre... torride... effarouchée... ingénue ?

ALBERT *(en aparté)* - Ben nom d'une carambouille à roulette !

EMMANUELLE - Nous n'attendons pas Jean-Claude ?

ALBERT - On va pas faire ça devant le patron de la boîte, quand même !

EMMANUELLE - Mais comment il saura si...

ALBERT - Vous inquiétez pas. Si vous faites l'affaire, je lui dirai sur-le-champ.

EMMANUELLE - Ah !... C'est vous qui jugez alors ?

ALBERT - Ben encore heureux ! C'est moi qui paie.

EMMANUELLE - C'est vous qui payez ? Mais alors vous êtes... Vous êtes producteur !

ALBERT - Ah ! pour ça oui que je suis producteur ! Et sans me vanter, même que je suis un des plus gros dans mon secteur.

EMMANUELLE - Oh là là ! Quelle chance ! J'ai un trac fou. Mais, dites, ce n'est qu'une répétition, je ne vois pas les techniciens ni les caméras.

ALBERT - Les techniciens, les caméras ?

EMMANUELLE - Eh bien, les caméras pour filmer les…

ALBERT - Dites donc, seriez pas du genre tordue par hasard ?

EMMANUELLE - Je vous demande pardon ?

ALBERT - Moi, j'veux pas d'une affolée du croupion à qui il faut des trucs et des machins et des techniques cochonnes…

EMMANUELLE *(le giflant)* - Non mais dites donc espèce de goujat ! On n'a pas gardé les vaches ensemble !

ALBERT - Et c'est pas près d'arriver miladiou ! J'vais reprendre le Massey-Fergusson, moi, ça va pas traîner !

EMMANUELLE - Vous n'êtes pas producteur ?

ALBERT - Je vous ai dit que si. Dans la betterave y'a pas mieux que moi.

EMMANUELLE - Vous n'êtes pas dans le cinéma ?

ALBERT - Non, mais je suis dans la culture quand même.

EMMANUELLE - Mais alors, qu'est-ce que vous faites dans cette tenue ?

ALBERT - Ben c'est pour être plus à l'aise pour vous… Enfin pour que nous… Vous et moi…

EMMANUELLE - Ah !!! Mais ça va pas, non ? Arrière ou je vous case ce truc sur la tête !

ALBERT - Encore ?

EMMANUELLE - Comment ça, encore ?

ALBERT - C'est une manie ! Le patron de l'agence a déjà failli me...

EMMANUELLE - Quelle agence ? Quel patron ?

ALBERT - Ben... *(Jean-Claude entre, muni d'un appareil photo avec flash.)* Ben lui.

JEAN-CLAUDE - Mais qu'est-ce que... Oh ! nom d'un chien ! Qu'est-ce que tu fais là mon petit chat ?

EMMANUELLE - Et lui ? *(Elle éclate en sanglots.)* Bouh ouh ouh ! Il voulait me... Et en plus tu allais faire des photos ? Bouh ouh ouh ! *(Elle fuit dans la salle d'eau.)*

JEAN-CLAUDE - Ah ! mon Dieu ! Ne me dites pas que vous avez...

ALBERT - Ben c'est vous qui m'avez dit de pas perdre de temps et de sauter sur la dame sans...

JEAN-CLAUDE - Mais ce n'est pas la bonne !

ALBERT - Ah bon ?

JEAN-CLAUDE - Eh non, mon vieux, ce n'est pas la bonne. Oh là là là là là ! *(En sortant rejoindre Emmanuelle.)* Écoute, mon petit chat...

ALBERT - Pas la bonne, pas la bonne... Il en a de bonnes, lui. Comment je fais pour le savoir, moi ? C'est pas écrit dessus.

On entend un bruit de gifle et Jean-Claude revient en se tenant la joue.

JEAN-CLAUDE - Vous me l'avez mise dans un état !

ALBERT - Je m'excuse mais je pouvais pas savoir.

JEAN-CLAUDE - Bon, bon... Restez ici. Je vais vous chercher la personne que vous attendez.

ALBERT - La bonne, cette fois-ci ?

Jean-Claude - Oui, oui, la bonne. C'est promis. *(Il sort.)*

*Entrée de Marguerite vêtue d'une robe assez classique que
lui a prêtée Caroline.*

Marguerite - Quelle histoire ! Mon Dieu, quelle histoire !

Albert - Bonjour madame.

Marguerite - Ah !!! Seigneur ! Un homme nu !

Albert - J'vous demande bien pardon de ma tenue madame
mais c'est parce que je devais faire un essai avec une dame et
comme celle qui est venue c'était pas la bonne je me suis…

Marguerite - Ben évidemment, la bonne c'est moi.

Albert - Vous êtes la bonne ?

Marguerite - Oui Monsieur.

Albert - Vous êtes bien sûre que vous êtes la bonne ?

Marguerite - Tout à fait certaine, Monsieur !… Oh ! je sais,
avec cette robe ça ne se voit pas mais c'est bien moi la bonne ! C'est
une robe de…

Albert - La robe, c'est pas un problème. Enlevez-la.

*Il lui saute dessus. Ils se retrouvent tous les deux derrière le
canapé.*

Marguerite - Ah !!! Mon Dieu ! Mais qu'est-ce que vous
faites ? Ah !!!

Albert - On n'a plus le temps. Alors, plus de gnagnas, plus de
chichis, plus de blablas, c'est parti !

Marguerite - Ah !!! Jésus Marie Joseph !

Albert - Non, moi c'est Albert tout court.

Jean-Claude *(entrant)* - Mais qu'est-ce que c'est encore ? Mais… mais…

Marguerite - Ah !!! *(Jusqu'à sa sortie Marguerite criera ou pleurera.)*

Jean-Claude - Mais qu'est-ce que vous faites à cette pauvre Marguerite ?

Albert - Je l'effeuille passionnément !

Marguerite - C'est de la folie !

Albert - Pas du tout !

Jean-Claude *(au public)* - Là, ça fait un peu beaucoup. *(À Albert.)* Lâchez-la.

Albert - Mais elle m'a dit qu'elle était la bonne.

Jean-Claude - Oui, c'est la bonne mais…

Albert - Eh ben, alors, si c'est la bonne, crac !

Jean-Claude - Mais c'est pas la bonne.

Marguerite - Mais si, je suis la bonne.

Albert - Ah ! va falloir vous mettre d'accord ! C'est la bonne, oui ou non ?

Jean-Claude - Non.

Marguerite - Mais si ! Monsieur ne me reconnait pas. Monsieur aussi est devenu fou. Ah !!! *(Elle s'enfuit dans la salle d'eau.)*

Jean-Claude - Mais non… Mais attendez… Marguerite…

Albert - Dites, si c'est la bonne, pourquoi qu'elle crie comme ça ?

Jean-Claude - Mais parce que c'est la bonne mais c'est pas la bonne. *(Albert est perdu.)* C'est la bonne de la maison mais c'est pas la bonne dans le sens de la bonne bonne.

ALBERT - Vous, faudra la lâcher la bonbonne en tout cas. Ça vous réussit pas. Et moi j'en ai ras la tasse. Je me rhabille et je m'en vais. *(Il sort dans la chambre.)*

JEAN-CLAUDE - Attendez, attendez! Vous ne retrouverez peut-être jamais une telle occasion. *(Au public.)* Moi non plus d'ailleurs. *(À Albert.)* Ne bougez pas, cette fois-ci je vous envoie la bonne.

ALBERT *(off)* - Sûr?

JEAN-CLAUDE - Je vous l'appelle. Caroline! Très chère Caroline!

CAROLINE *(off)* - Trop chère Caroline! Trop chère!

JEAN-CLAUDE - Peux-tu venir s'il te plaît?

CAROLINE *(off)* - Il ne me plaît pas!

JEAN-CLAUDE - Je t'en prie.

CAROLINE *(off)* - Cinq minutes. Je suis occupée.

EMMANUELLE *(entrant)* - Tu ne m'as jamais dit que tu faisais dans le porno, espèce de…

JEAN-CLAUDE - Hein? Mais… Mais jamais je n'ai tourné de pornos!

EMMANUELLE - Ah non? Et la partie de jambes en l'air que tu m'avais préparée avec le roi de la betterave, c'était du drame psychologique peut-être?

JEAN-CLAUDE - Mais c'était une erreur.

EMMANUELLE - Une erreur?

JEAN-CLAUDE - Oui, une erreur de casting… euh… lui, il venait pour tourner avec… avec José Bové et…

EMMANUELLE - À moitié à poil?

JEAN-CLAUDE - Eh oui… c'était pour… pour imager le… le dénuement de l'agriculteur français face à la mondialisation capitaliste.

EMMANUELLE - Décidément, tu es très terroir ! Tu me fais appeler ici en demandant la coopérative agricole, on trouve des paysans en caleçon dans ton salon et tu fais des films pour José Bové !

CAROLINE *(off)* - Je te préviens, Jean-Claude : je n'ai plus rien à te dire.

JEAN-CLAUDE - Aïe aïe aïe ! Vite, retourne dans la salle d'eau.

EMMANUELLE - Et la bonniche, qu'est-ce qu'il lui a fait ?

JEAN-CLAUDE - Mais rien. C'est elle qui débloque.

Il la repousse dans la salle d'eau pendant ce qui suit et referme la porte juste au moment où Caroline entre.

EMMANUELLE - Je te préviens, Jean-Claude : si jamais tu…

JEAN-CLAUDE - Je t'expliquerai tout.

EMMANUELLE - Quand ?

JEAN-CLAUDE - Tout à l'heure, c'est promis.

CAROLINE *(off)* - J'en ai rien à faire de tes promesses. *(Elle entre.)* Tu ne changeras jamais. Tu es un malade.

JEAN-CLAUDE - Mais non, enfin. Je ne me suis pas très bien conduit mais…

CAROLINE - Qu'est-ce que tu me veux ?

JEAN-CLAUDE *(en s'approchant d'elle)* - Caroline, ma Caroline, Caro…

CAROLINE - Pas de caresses de chiens, ça donne des puces !

JEAN-CLAUDE - Il faut que nous parlions.

CAROLINE - Pas question ! Dis-moi plutôt où est Marguerite.

JEAN-CLAUDE - Marguerite? Eh bien, elle est... Elle est dans la chambre.

CAROLINE - Dans la chambre? Comme par hasard...

CAROLINE - Tu vois le mal partout. Elle y fait le ménage, tout simplement. Qu'est-ce que tu vas t'imaginer?

CAROLINE - Avec toi, je m'attends à tout.

EMMANUELLE *(entrant)* - Et mon bout d'essai, hein? Je l'aurai quand, mon bout?

CAROLINE - Ah non! Pas ça! Qui est-ce celle-ci?

JEAN-CLAUDE - C'est... ben c'est... une jeune fille...

CAROLINE - Tu m'aurais dit que c'était Jacques Chirac, je ne t'aurais pas cru.

EMMANUELLE - Je m'appelle Emmanuelle, madame.

CAROLINE - Emmanuelle? Tout un programme pour un homme de cinéma.

EMMANUELLE - C'est vrai ça, le cinéma c'est ma passion et Jean-Claude... enfin, M. de Villemont m'avait promis de...

CAROLINE - Méfiez-vous des promesses de cet homme, ma petite. Mais il me semble connaître votre voix, ou plutôt la reconnaître.

EMMANUELLE - Ah bon?

JEAN-CLAUDE - Ah bon?

CAROLINE - C'est vous qui téléphonez ici trois fois par jour en demandant la coopérative agricole?

EMMANUELLE - Eh bien... c'est-à-dire que...

CAROLINE *(douce et calme)* - C'est bien vous. J'en suis certaine. Et comme vous ne croyez que ce que vous voyez, vous êtes venue sur place pour vérifier?

JEAN-CLAUDE - Eh oui ! Têtue, hein ?

CAROLINE - Et vous êtes allée dans ma salle de bains pour voir s'il n'y avait vraiment pas quelques sacs d'engrais, des bottes de foin…

EMMANUELLE - Euh…

JEAN-CLAUDE - C'est ça.

CAROLINE - Ou des graines, des semences ? Et c'est la marmotte qui met le chocolat dans le papier d'alu ?! *(Hurlant soudain.)* Arrêtez de vous payer ma fiole ! Je ne suis pas dupe ! Je sais que vous êtes la maîtresse de ce qui me sert de mari. Ou plutôt une des maîtresses de ce pervers car il les collectionne. Il les amasse, les amoncelle, les accumule, le scélérat. J'ai des photos, je vous les montrerai si vous le souhaitez.

EMMANUELLE - Oh !

JEAN-CLAUDE - Caroline ! Je t'en prie, un peu de…

CAROLINE - De quoi ? De décence, peut-être ? Tu ne manques pas d'air, toi. Il vaut mieux que vous le sachiez, ma petite : il saute sur tout ce qui porte un jupon. C'est maladif, il ne peut pas se retenir et vous n'êtes qu'une paire de fesses parmi tant d'autres.

EMMANUELLE - Oh ! *(Elle retourne dans la salle d'eau.)*

JEAN-CLAUDE - Non ! Emmanuelle ! Attends !… Caroline, tu me déçois.

CAROLINE - Chacun son tour. Bon, il n'y en a pas une autre sous le canapé ou cachée derrière les rideaux ? Je peux aller m'entretenir avec Marguerite dans la chambre ?

JEAN-CLAUDE *(avec un air mauvais)* - Je t'en prie ma chérie. Va dans la chambre. *(Caroline sort côté chambre. Il prend l'appareil.)* Et crac ! Elle l'aura pas volé. *(On entend de grands bruits venant de la chambre, coups, cris, chutes d'objets… On doit croire à une scène d'amour extraordinaire.)* Oh! oh! Mais c'est le grand jeu, le 14 juillet! Il ne fait pas dans le platonique le péquenot, il assure. Mais c'est un phénomène. Oh! oh! Mais c'est un étalon de concours le bestiau. Oh là là! C'est pas possible. C'est pas humain. *(Il s'approche de la porte avec l'appareil photo à la main.)* Mais comment il fait? Il est plusieurs?

> *Albert entre, les vêtements en lambeaux. Il a visiblement pris une sévère raclée de la part de Caroline.*

ALBERT *(d'une voix douce et calme)* - Bien, celle-là, bien. Un peu rugueuse peut-être mais pour être charpentée, elle est charpentée. *(Hurlant soudain.)* Mais on joue pas dans la même catégorie! Je vais lui faire de la pub à ton agence! *(Il sort de l'appartement en claquant la porte.)* Compte sur moi!

JEAN-CLAUDE - Alors là! Pour le sexy-flag, c'est foutu.

CAROLINE *(entrant)* - Qui c'est ce primate lubrique qui m'a prise pour la bonne et s'est jeté sur moi?

JEAN-CLAUDE - Je ne sais pas.

CAROLINE - Il me parlait de betteraves, de maïs. Il voulait me masser avec un certain Fergusson. Un fou. Où est-il?

JEAN-CLAUDE - Il est parti. Mais qu'est-ce que tu lui as fait? Il était dans un état…

CAROLINE - Je lui ai appris les bonnes manières en appliquant mes leçons de karaté.

JEAN-CLAUDE - Depuis quand tu fais du karaté, toi?

CAROLINE - Depuis avant-hier.

JEAN-CLAUDE - Eh ben, mon vieux! *(Au public.)* Si elle avait eu un mois d'entraînement, elle le concassait, le roi du maïs.

CAROLINE - Qui est-ce?

JEAN-CLAUDE *(en posant l'appareil photo)* - Mais je te répète que je ne sais pas, moi. Un rôdeur, peut-être.

CAROLINE - Tu as déjà vu beaucoup de rôdeurs rôder à moitié nus à cinq heures de l'après-midi ?

JEAN-CLAUDE - Non mais… on rôde comme on peut. Les temps sont durs pour tout le monde.

CAROLINE - C'est louche tout ça. Ce ne serait pas plutôt un de tes amis de débauche ?

JEAN-CLAUDE - Je ne l'ai jamais vu, je te dis !

CAROLINE - Je voudrais bien savoir ce qu'il faisait là. Il ne va pas s'en tirer comme ça. *(Elle sort de l'appartement.)* Et toi non plus !

JEAN-CLAUDE *(sortant derrière elle)* - Non, attends ! Caroline !

EMMANUELLE *(entrant suivie de Marguerite)* - Ah ! le saligaud ! Il va me le payer.

MARGUERITE - Que je suis malheureuse !

EMMANUELLE - Alors comme ça vous aussi il vous appelle « mon petit chat » ?

MARGUERITE - Oui Mademoiselle. Et il miaulait derrière la porte et puis… Bouh ouh ouh !

EMMANUELLE - C'est du harcèlement sexuel.

MARGUERITE - Et puis il y a eu Madame… Bouh ouh ouh !

EMMANUELLE - Hein ?

MARGUERITE - Et puis il y a eu le Monsieur qui a essayé de me…

EMMANUELLE - Quoi ? Mais c'est un monstre ! C'est pire que du harcèlement sexuel, c'est du proxénétisme !

MARGUERITE - Vous croyez ?

EMMANUELLE - J'en suis sûre. Il ne faut que nous nous vengions.

MARGUERITE - Nous? Pourquoi? Vous aussi il vous a...

EMMANUELLE - Je suis un autre de ses petits chats. *(Prenant l'appareil photo en main.)* J'ai une idée... Ah! il voulait prendre des photos? On va lui passer l'envie d'abuser des bêtes.

MARGUERITE - On va appeler la SPA?

EMMANUELLE - Mais non! Quelle godiche celle-là! On va le prendre à son propre jeu.

MARGUERITE - Moi je n'ai pas très envie de jouer.

EMMANUELLE - Vous voulez qu'il recommence?

MARGUERITE - Oh non! Seigneur Dieu!

EMMANUELLE - Alors il faut le vacciner une bonne fois.

MARGUERITE - Vous êtes infirmière?

EMMANUELLE *(en aparté)* - Elle le fait exprès ou quoi? *(À Marguerite.)* C'est une image. *(Elle lui donne l'appareil.)* C'est le cas de le dire.

MARGUERITE - Je ne comprends pas.

EMMANUELLE - On va le piéger. On va le piéger de façon à lui couper l'envie de recommencer. Vous avez compris?

MARGUERITE - Oui Mademoiselle.

EMMANUELLE - Appelez-moi Emmanuelle.

MARGUERITE - Comme vous voudrez Mademoiselle.

EMMANUELLE - Laissez tomber. *(Marguerite laisse échapper volontairement l'appareil.)* C'est pas possible! *(Elle ramasse l'appareil.)* Bon. Voilà ce qu'on va faire. Quand il revient, vous l'aguichez un peu, vous l'entraînez dans la chambre et quand il est sur le point de vous...

MARGUERITE - De me…

EMMANUELLE - De vous… Enfin bref, j'interviens, je prends la photo de la scène et on a notre preuve. Il est cuit.

MARGUERITE - Quelle preuve ?

EMMANUELLE - La preuve irréfutable du harcèlement qu'il vous fait subir. On le mettra au pied du mur : ou bien il se tient tranquille ou bien vous le traînez en justice avec une preuve accablante.

MARGUERITE - Je crois qu'il y a un léger problème.

EMMANUELLE - Lequel ?

MARGUERITE - Vous avez dit qu'il fallait que je l'aguiche.

EMMANUELLE - Oui, ce ne sera pas difficile, c'est une vraie braise. Un œil de velours, un roulement d'épaule ou de hanche et le tour sera joué.

MARGUERITE - Mais je ne saurai jamais !

EMMANUELLE - C'est pourtant pas difficile. Regardez-moi. *(Elle lui fait la démonstration.)* Œil de chatte andalouse, roulement d'épaule, moue à la Kim Basinger et déhanchement suggestif à la Marilyn tout en allant vers la porte de la chambre. « Poo poo pilou ! »

MARGUERITE - Mon Dieu ! Jamais je ne pourrai faire ça !

EMMANUELLE - Mais si !

MARGUERITE - Mais si je fais ça, il va me sauter dessus immédiatement !

EMMANUELLE - C'est bien ce qu'on recherche. Mais ne craignez rien, je serai là pour l'empêcher d'aller plus loin. Et avec la photo, vous pourrez même négocier une augmentation. *(On entend du bruit.)* Attention, c'est peut-être lui.

MARGUERITE - Oh là là là là !

EMMANUELLE - Je me cache. Si c'est lui, à vous de jouer ! *(Elle entre dans la salle d'eau et laisse la porte entrouverte.)*

MARGUERITE - Oh là là là là !

EMMANUELLE *(passant la tête)* - Courage !

JEAN-CLAUDE *(entrant)* - Quelle journée ! Voilà que Caroline sympathise avec le maïs maintenant. Tout à l'heure, elle voulait en faire du pop corn, maintenant elle lui offre un café au bistrot du coin. C'est à n'y rien comprendre. Enfin, du moment que je… *(Voyant Marguerite.)* Marguerite ! Ça va mieux, mon petit chat ?

MARGUERITE - Oui Monsieur ! *(Encouragée par Emmanuelle qui passe juste la tête et que Jean-Claude ne voit pas, elle tente très maladroitement et trop rapidement de refaire la démonstration de tout à l'heure.)* Pilou ! Pilou ! *(Elle tortille des fesses et sort en courant dans la chambre.)*

JEAN-CLAUDE - Marguerite ! C'est bien vous ? Oh ! oh ! oh ! Je ne peux pas rater ça ! *(Il sort dans la chambre en se frottant les mains.)*

EMMANUELLE *(traversant la scène)* - C'est un phénomène ! Même une vieille guenon pelée et neurasthénique ou une chèvre galeuse lui ferait de l'effet ! Vite, la photo !

Marguerite entre, referme la porte et tient la poignée à deux mains.

MARGUERITE - Ah !!!

EMMANUELLE - Et la photo ?

MARGUERITE - Ah !!!

EMMANUELLE *(tournant la clef)* - Calmez-vous.

MARGUERITE - Ah !!!

EMMANUELLE - Arrêtez de hurler, il est enfermé.

MARGUERITE - Ah!!!

EMMANUELLE - Ne me dites pas qu'il a eu le temps de…

MARGUERITE - Non mais vu… Ah!!! Vu, vu!!!

EMMANUELLE - Qu'est-ce que vous avez vu?

MARGUERITE - Ah!!! J'ai vu son…

EMMANUELLE - Son…

MARGUERITE - Oui, son… Ah!!!

EMMANUELLE - C'est la première fois?

MARGUERITE - Mon Dieu, oui!

EMMANUELLE - Faut bien que ça arrive un jour.

MARGUERITE - Mais c'est affreux.

EMMANUELLE - Oui, bof! Pas tous.

MARGUERITE - Le sien si!

EMMANUELLE - Ah bon?

MARGUERITE - Je n'ai jamais vu un œil aussi lubrique, aussi pervers, aussi… Ah!!!

EMMANUELLE - Son œil?

MARGUERITE - Ouiiii!!!

EMMANUELLE *(au public)* - S'il lui avait montré autre chose, elle claquait toutes les vitres du quartier. *(À Marguerite.)* En tout cas, pour la photo, c'est fichu.

MARGUERITE - Je vous avais dit que c'était au-dessus de mes forces.

EMMANUELLE - Ce n'est peut-être pas encore perdu mais il faut inverser les rôles.

MARGUERITE - Comment ça ?

EMMANUELLE - C'est moi qui vais le vamper et c'est vous qui prenez la photo. Prendre la photo, vous pourrez ?

MARGUERITE - Je crois que oui. Mais je ne retourne pas dans la chambre.

EMMANUELLE - Non, c'est moi qui vais l'attirer ici. Vous, vous vous cachez et quand il me saute dessus, vous le flashez. O.K. ?

MARGUERITE - Très bien.

EMMANUELLE - Pas de blagues, hein ! Vous ne me laissez pas tomber. Dès que nous sommes sur le canapé vous intervenez.

MARGUERITE - Oui, oui.

EMMANUELLE - Bien. Cachez-vous. Attention, c'est parti !

Marguerite disparaît dans la salle d'eau et Emmanuelle entre dans la chambre.

MARGUERITE *(passant la tête)* - Oh là là là là !

CAROLINE *(entrant suivie d'Albert)* - Je vous en prie, mon cher Albert. Entrez et passez dans la salle de bains. Je me dois de vous prodiguer quelques soins.

ALBERT - Merci, chère Caroline.

CAROLINE - C'est la moindre des choses pour me faire pardonner.

ALBERT - Pardonner quoi ? Deux ou trois giflettes ? Bof !

CAROLINE - Appuyées les giflettes, tout de même. *(Elle le pousse dans la salle d'eau en disant :)* Mais je vous jure que plus personne ne vous giflera dans cette maison.

On entend un bruit de gifle et Albert ressort immédiatement en se tenant la joue.

ALBERT - Vous êtes sûre ?

MARGUERITE *(entrant)* - Le satyre ! Il est revenu !

CAROLINE - Mais non, voyons. Albert m'a tout expliqué. Il s'agit d'une épouvantable méprise. Vous n'avez rien à craindre de lui. Albert est un gentil agriculteur spécialisé dans la betterave et le maïs...

ALBERT - Et la vache laitière.

CAROLINE - Il a été victime des circonstances et surtout des mensonges de Monsieur.

MARGUERITE - Madame est bien sûre de ce qu'elle dit ?

CAROLINE - Tout à fait. Mais que faites-vous avec cet appareil dans les mains ?

MARGUERITE - Des photos, Madame.

CAROLINE - Je vois bien que ce n'est pas un épluche-légume. Vous photographiez quoi dans une salle d'eau ?

MARGUERITE - Je ne sais pas, Madame.

CAROLINE - Il vous faut du repos, vous. Allons, allons, il faut vous reprendre, mon petit. *(À Albert.)* Venez, cher ami. Allons panser vos blessures.

Caroline et Albert sortent dans la salle d'eau.

MARGUERITE - Oh là là là là !

EMMANUELLE *(entrant à reculons en attirant Jean-Claude de la main)* - Viens un peu par là mon Roudoudou.

JEAN-CLAUDE *(off)* - On devrait rester dans la chambre. Si Caroline revient...

EMMANUELLE - Mais non ! C'est plus marrant sur le canapé. Le danger, c'est plus excitant ! *(Apercevant Marguerite.)* Cachez-vous !

MARGUERITE - Où ça ?

EMMANUELLE *(bas)* - Derrière le canapé. Vite ! Il est plus que mûr. *(Criant.)* Vite !

JEAN-CLAUDE *(off)* - Quelle impatience !

EMMANUELLE - Où il est mon gros matou ?

JEAN-CLAUDE *(entrant en caleçon)* - Me voilà, mon petit chat.

EMMANUELLE - Miaou ?

JEAN-CLAUDE - Miaou !

EMMANUELLE - Miaou, miaou ?

JEAN-CLAUDE - Miaouuuuuuuu !!!

Il se jette sur elle. Ils tombent sur le canapé.

EMMANUELLE - Vite ! Allez-y !

JEAN-CLAUDE - Une seconde, tout de même.

EMMANUELLE - Mais qu'est-ce que vous attendez ?

JEAN-CLAUDE - Tu n'es pas une romantique, toi, dis donc.

Marguerite surgit enfin de derrière le canapé, porte l'appareil à son œil et...

MARGUERITE - Ah !!!

JEAN-CLAUDE - Qu'est-ce que...

MARGUERITE - Ah !!! Monsieur ! Monsieur est tout nu ! Ah !!!

EMMANUELLE - C'est raté !

JEAN-CLAUDE - Mais non mon petit chat ! On a tout le temps. *(Il veut la reprendre dans ses bras mais elle le gifle. Sous le coup il se retrouve quasiment collé à Marguerite qui le gifle à son tour. Le quart de tour qu'il effectue le met alors face à Caroline qui entre de la salle d'eau et le gifle aussi.)* Stop! J'ai fait le tour complet. Je jette l'éponge.

CAROLINE - Monstre! Dès que j'ai le dos tourné il lui faut sa dose de chair fraîche!

ALBERT - Ah! le revoilà le faux patron d'agence! Vous n'avez pas honte de faire souffrir une femme aussi charmante que la vôtre?

JEAN-CLAUDE - De quoi je me mêle le bouseux?

ALBERT - Quoi? Je vais te montrer, moi!

Il l'empoigne et le couche sur le canapé pour lui mettre une correction. Ils se retrouvent dans une position équivoque et Marguerite prend enfin la photo, ce qui arrête l'action sur le canapé.

MARGUERITE - Et clac! Cette fois-ci c'est la bonne!

EMMANUELLE - C'est même la meilleure! Bravo Marguerite! *(Elle reprend l'appareil.)*

JEAN-CLAUDE - Qu'est-ce que...

EMMANUELLE - Avec cette photo, mon cher, nous te tenons.

ALBERT - Comment ça vous le tenez? Pour le moment c'est plutôt moi qui le tiens.

EMMANUELLE - Vous allez comprendre. Si tu ennuies encore une fois, une seule petite fois, cette pauvre Marguerite ou si tu la licencies, elle porte plainte pour harcèlement avec une preuve incontestable. Si tu ne me fais pas tourner dans ton prochain film, je sors cette photo à la presse et c'en est fini de ta réputation de tombeur de nanas.

CAROLINE - Et moi je la verse au dossier de notre séparation si tu me causes le moindre problème. Ce sera mon meilleur sexy-flag.

ALBERT - Et moi je te casse la gueule si jamais cette photo est utilisée par qui que ce soit. J'ai une réputation à défendre dans la betterave et le maïs, moi.

JEAN-CLAUDE - O.K., O.K. ! Tout ce que vous voudrez. Vous avez gagné sur tous les tableaux.

MARGUERITE - Et clac ! Du coup j'en ai fait une autre ! *(Tous sont étonnés.)* Ben quoi ? Comme ça, s'il y en a une de ratée…

CAROLINE - Donnez-moi cet appareil. Je le mettrai en lieu sûr. Je ferai faire les tirages et je vous en donnerai un, mademoiselle.

EMMANUELLE - J'ai mis du temps à comprendre qui était réellement votre mari mais je vous le laisse bien volontiers.

CAROLINE - Ça m'est égal, je le laisse moi aussi.

EMMANUELLE - Marguerite, je crois que vous avez encore beaucoup de choses à apprendre dans la vie.

MARGUERITE - Vous croyez ?

EMMANUELLE - Sûre. Si vous voulez bien être mon amie, je veux bien être votre professeur.

MARGUERITE - Je veux bien mais par quoi commence-t-on ?

EMMANUELLE - Par un jour de congé. Allez, venez. On s'en va.

MARGUERITE - Je ne sais pas si…

CAROLINE - Monsieur est tout à fait d'accord.

JEAN-CLAUDE - Oui, oui.

EMMANUELLE - Allez, en route pour la tournée des grands ducs et gare au loup !

MARGUERITE - Pourquoi ? On va au zoo ?

Elles sortent.

ALBERT - Bon ben c'est pas tout ça… Moi, j'ai la traite qui m'attend.

CAROLINE - Ça vous embêterait de me montrer ? J'adore les bêtes et…

ALBERT - Pas de problème. Allons-y.

CAROLINE - Merveilleux ! J'ai toujours rêvé de vivre à la campagne.

ALBERT - Ben alors en route.

Ils sortent.

JEAN-CLAUDE - Ben mon vieux ! Pour une rude journée, c'est une rude journée. Je suis laminé, éreinté, anéanti. K.-O. le mec. Envoyez la voiture-balai. Plus jamais je ne toucherai une femme. Je le jure ! C'est beaucoup trop risqué. Je vais me tenir peinard pépère et tout. Le boulot, le dodo et c'est tout, c'est juré. On ne m'y reprendra plus. *(Le téléphone sonne. Il décroche.)* Allô ! Oui ! (…) Comment ? (…) La cave coopérative ? (…) Oui, c'est bien moi ma petite Véronique ! (…) Pardon, Estelle ! (…) Oui, mon petit chat… (…) Mais tout de suite si tu veux. J'arrive !

RIDEAU

AVIS IMPORTANT

Cette pièce de théâtre fait partie du répertoire de la Société des Auteurs et Compositeurs Dramatiques, 11 bis rue Ballu 75442 PARIS Cedex 09. Tél. : 01 40 23 44 44. Elle ne peut donc être jouée sans l'autorisation de cette société.

Nous conseillons d'en faire la demande avant de commencer les répétitions.

Imprimé à la demande par Books On Demand GmbH, Bad Hersfeld, Allemagne

Première édition, dépôt légal : décembre 2007
N° d'édition : 200759
ISBN : 978-2-84422-611-2